EL IMPULSO DEL DISCÍPULO

SERIE DE DEVOCIONALES 1

Dr. Aaron R. Jones

EL IMPULSO DEL DISCÍPULO
[The Disciple's Drive]

Serie de devocionales 1

Copyright © 2021 de Dr. Aaron R. Jones

Impreso en los Estados Unidos de América
Publicado por Kingdom Publishing,
LLC , Odenton, Maryland

Todos los derechos reservados. Prohibida la reproducción o divulgación de esta obra en cualquier forma o por cualquier medio, ya sea digital o no, incluyendo fotocopias, grabación o almacenamiento sin previa autorización por escrito del autor. Solo puede utilizarse su contenido para citas breves.

Todos los versículos corresponden a versiones autorizadas y traducidas al español. Citas originales de la Biblia del Rey Jacobo. Thomas Nelson Publishers, Nashville: Thomas Nelson, Inc. 1972.

Editor: Dr. Sharon D. Jones

Dr. Aaron R. Jones

ISBN: 978-1-947741-65-2

TABLA DE CONTENIDO

Introducción 1

Factor de motivación #1
El dolor trae fuerza 2

Factor de motivación #2
Dios ve más que uno 6

Factor de motivación #3
¡Más arde el fuego, más nos elevamos! 10

Factor de motivación #4
La templanza en momentos difíciles 14

Factor de motivación #5
Sigue adelante 18

Factor de motivación #6
Bendice siempre su nombre 22

Factor de motivación #7
Clama a Dios 26

Factor de motivación #8
Pensador espiritual 30

Factor de motivación #9
Los pensamientos de Dios 34

Factor de motivación #10
Regocijarse o lamentarse 38

Factor de motivación #11
Purgar para crecer 42

Factor de motivación #12
Sacúdete el polvo 46

Factor de motivación #13
Dios no olvida 50

Factor de motivación #14
Confieso y Dios me limpia 54

Factor de motivación #15
Deja que llueva 58

Factor de motivación #16
El camino fácil no siempre es el camino de Dios 62

Factor de motivación #17
El círculo íntimo espiritual 66

Factor de motivación #18
Una fe que construye 70

Factor de motivación #19
Ámate a ti mismo 74

Factor de motivación #20
Una nueva canción 78

Factor de motivación #21
Olvida, avanza y presiona 82

Acerca del autor 86

EL IMPULSO DEL DISCÍPULO

El impulso del discípulo es una serie de devocionales.

El propósito de la serie es alentar al creyente a acoger, enriquecer y fortalecer su vínculo con Jesucristo. Esta es una de las cinco series que buscan promover la conciencia acerca del camino cristiano de cada uno. El objetivo primordial es que cada creyente se convierta en discípulo de Jesucristo. Como creyentes, debemos encontrar la motivación a diario para parecernos un poco más a El: ser sus embajadores y obedecer sus mandatos. Debemos llegar al final de este camino cristiano fuertes, comprometidos y decididos a completar todo aquello que Dios nos ha llamado a hacer. Durante los próximos 21 días, proponte encontrar la motivación, como nunca antes, para crecer en tu fe. Cada devocional concluye con una breve oración, que será tu declaración para el día, y preguntas de reflexión.

Factor de motivación #1

EL DOLOR TRAE FUERZA

Día 1

Para que la grandeza de las revelaciones no me exaltase desmedidamente, me fue dado un aguijón en mi carne, un mensajero de Satanás que me abofetee, para que no me enaltezca sobremanera.

2 Corintios 12:7

Muchas veces, a lo largo de nuestra vida, desafiamos el dolor. El dolor siempre es un indicador de que algo (bueno o malo) está ocurriendo. He escuchado decir, "El dolor te recuerda que estás vivo".

Los discípulos comprendemos que el dolor es parte de la vida. Pablo nos cuenta que Dios permitió que un aguijón se enterrara en su carne para mantenerlo humilde. Nunca debemos confiar en nuestra carne. Debemos escoger la humildad por encima del ego. Algo para tener en cuenta: cómo vemos el dolor puede determinar cómo vemos a Dios. Sorprende que Pablo, con su dolor, hizo más de lo que la mayoría de nosotros haría ante un problema.No permitas que el dolor te aleje de Dios, más bien permite que el dolor te acerque a Él. Es a través de nuestra humildad y debilidad en Cristo que el poder de Dios se manifiesta (2 Corintios 12:9-10).

La oración del discípulo

Amado Señor, enséñame a caminar con humildad, mientras soy instrumento para hacer cumplir tu voluntad y alcanzar tu gloria. Ayúdame a aceptar aquello que permites, mantenme de rodillas para orar y para ser humilde en tu presencia. En el nombre de Cristo, amén.

¿En qué situación dolorosa has sentido el poder de Dios?

_____
_____
_____
_____
_____

¿Cómo te ayudó a crecer como discípulo?

_____
_____
_____
_____
_____

¿Cómo cambió tu relación con Jesús a partir de esta experiencia?

_____
_____
_____
_____
_____

Factor de motivación #2

DIOS VE MÁS QUE UNO

Día 2

Doy gracias a Cristo Jesús, nuestro Señor, que me ha sostenido con su fuerza y se ha fiado de mí, confiándome este ministerio.

1 Timoteo 1:12

Pablo estaba muy agradecido, porque su pasado no le impidió a Dios convertirlo en instrumento para construir el reino. No importa qué tan oscuro o luminoso, todos tenemos un pasado que podría inhabilitarnos para ejercer el ministerio. Es justo tomarse un momento y agradecer a Dios por dejarnos comenzar de cero para poder servirle.

Dios ve más en nuestro interior de lo que podemos ver nosotros mismos. Dios envió a Jesús a perdonar nuestra peor parte para sacar lo mejor de nosotros. Como discípulo de Jesucristo, Él nos ha hecho aptos para ejercer el ministerio. Cuando oras, siempre es justo agradecer a Dios por tu lugar en la iglesia. Eso habla de un corazón colmado de gratitud.

La oración del discípulo

Amado Señor, gracias por hacerme apto para servirte en el ministerio y por ver lo mejor de mí, aun cuando yo me enfoqué en lo peor. En el nombre de Cristo, amén.

Cómo ha cambiado tu vida por limpiar tus pecados?

_____
_____
_____
_____

¿Cómo creces como discípulo gracias al perdón?

_____
_____
_____
_____

¿Cómo cambió tu relación con Jesús a partir de esta experiencia?

_____
_____
_____
_____

Factor de motivación #3

¡MÁS ARDE EL FUEGO, MÁS NOS ELEVAMOS!

Día 3

Entonces Nabucodonosor, henchido de cólera y con el rostro demudado por la respuesta de Sadrac, Mesac y Abednegó, ordenó que encendiesen el horno siete veces más fuerte que de costumbre, 20 que los soldados más fornidos maniatasen a Sadrac, Mesac y Abednegó y que los arrojasen en el horno ardiente.

Daniel 3:19, 20

El plan de Satanás es viciar nuestro entorno a tal nivel que le demos la espalda a Dios. Cree que, si te presiona lo suficiente, eventualmente te rendirás.

El Rey Nabucodonosor estaba furioso porque Sadrac, Mesac y Abednegó no se inclinaron para adorar la estatua de oro que él había erigido. Por este motivo, mandó a que calentaran el horno siete veces más que lo usual. No importa que tan alto arda el fuego de Satanás; los verdaderos discípulos nunca irán en contra de su Dios.

La oración del discípulo

Amado Señor, ayúdame a mantenerme fiel y enfocado cuando el enemigo encienda el fuego. En el nombre de Cristo, amén

¿En qué ocasión de tu vida has sentido la presión del enemigo?

_____
_____
_____
_____
_____

¿Cómo te ayudó ese fuego a crecer como discípulo?

_____
_____
_____
_____
_____

¿Cómo cambió tu relación con Jesús a partir de esta experiencia?

_____
_____
_____
_____
_____

Factor de motivación #4

A TEMPLANZA EN MOMENTOS DIFÍCILES

DÍA 4

gozándose en la esperanza, perseverando en el sufrimiento, dedicados a la oración

Romanos 12:12

Pablo nos enseña a encontrar la templanza en momentos de dificultad. Nos deja tres enseñanzas a todos los discípulos. En primer lugar, regocíjate en la esperanza de Jesús. La esperanza es lo que nos permite encontrar motivación. En segundo lugar, se paciente, con la certeza de que Dios está obrando, aunque no lo veas. Cuando no podemos ver, escuchar o sentir a Dios, saber que Él está ocupándose de nosotros nos ayuda a ser pacientes. Por último, ora de manera constante para mantenerte cerca del Padre. La oración debe ser el cimiento de toda victoria en tu vida.

La oración del discípulo

Señor mío, ayúdame a regocijarme siempre, a ser paciente y a orar, porque tú estás obrando por mi bien y el de todo el Reino. En el nombre de Cristo, amén.

¿En qué momentos de tu camino espiritual has sentido templanza?

_____
_____
_____
_____

¿Cómo te ayudó la templanza a crecer como discípulo?

_____
_____
_____
_____

¿Cómo cambió tu relación con Jesús a partir de esta experiencia?

_____
_____
_____
_____

Factor de motivación #5

SIGUE ADELANTE

DÍA 5

Mantén valerosamente el noble combate de la fe. Conquista la vida eterna a la que Dios te ha llamado y de la que has hecho tan noble profesión delante de muchos testigos.

1 Timoteo 6:12

En nuestro camino debemos dar batalla a diario. Algunos días pueden ser mejores que otros, pero es un hecho: estamos en constante batalla. Satanás quiere que nos rindamos y renunciemos. Satanás nos golpeó tan fuerte como pudo, pero es inútil, nuestra fe se mantuvo intacta. Los discípulos están decididos a continuar luchando, a perseverar en la fe y a seguir adelante.

La oración del discípulo

Querido Dios, ayúdame a seguir Adelante con mi fe y con los planes que tienes para mi vida. En el nombre de Cristo, amen.

¿En qué ocasión has tenido que superar a Satanás para seguir adelante?

_____
_____
_____
_____

¿Cómo te ayudó ese desafío a crecer como discípulo?

_____
_____
_____
_____

¿Cómo cambió tu relación con Jesús a partir de esta experiencia?

_____
_____
_____
_____

Factor de motivación #6

BENDICE SIEMPRE SU NOMBRE

DÍA 6

Y dijo: "Desnudo salí del vientre de mi madre y desnudo volveré a él. El Señor me lo dio, el Señor me lo quitó; bendito sea el nombre del Señor".

Job 1:21

A Job le tocó enfrentar las pruebas de la vida de la peor manera (todas al mismo tiempo). Recibía un informe tras otro para comunicarle que estaba perdiendo todas sus posesiones. Para cualquier hombre, a Job le sobraban motivos para darle la espalda a Dios. Mientras transitaba todas estas pruebas, Job eligió bendecir el nombre del Señor. Para poder pensar así, es necesario haber comprendido la realidad. Qué quiere decir esto: la realidad que Job comprendió fue, sencillamente, que "venimos sin nada y nos iremos sin nada".

Todo lo que tenemos se lo debemos a nuestro Dios. Como discípulos, debemos permitir que las TORMENTAS nos hagan FUERTES en Dios. No gastes tu aliento, solo redirígelo.

La oración del discípulo

Querido Señor, permíteme encontrar bendición en las tormentas y fuerza en mis pruebas. En el nombre de Cristo, amén.

¿En qué momentos de tu vida has experimentado la pérdida?

_____
_____
_____
_____

¿Cómo te ayudó esa pérdida a crecer como discípulo?

_____
_____
_____
_____

¿Cómo cambió tu relación con Jesús a partir de esta experiencia?

_____
_____
_____
_____

Factor de motivación #7

CLAMA A DIOS

DÍA 7

*Claman los justos, y el SEÑOR los oye
Y los libra de todas sus angustias.*

Salmos 34:17

La plegaria de los que creen no pasa inadvertida. Sigue orando, ¡Dios te escucha! Dejemos que nuestra vida de oración sea el medio para que Dios actúe en nuestras vidas. Dios te está esperando, hoy, para que hables con Él sobre lo que está ocurriendo en tu vida. Dios está atento a nuestras pequeñas y grandes preocupaciones.

A menudo, pasamos muchas pruebas y decidimos no ponerlas en manos del Señor. Como discípulos, no podemos dejar de clamar a Dios. Cuando imploramos al Señor, Él nos extiende una promesa con su respuesta. Dios desea liberarnos de nuestros problemas y obstáculos. Nuestro llanto humilde y el poder de Dios desencadenan los cambios.

La oración del discípulo

Señor mío, ayúdame a implorarte con todo mi corazón por las situaciones que me aquejan. En el nombre de Cristo, amen.

¿Cuándo has implorado con todas tus fuerzas al Señor?

_____
_____
_____
_____
_____

¿Cómo creciste como discípulo gracias a esas súplicas?

_____
_____
_____
_____
_____

¿Cómo cambió tu relación con Jesús a partir de esta experiencia?

_____
_____
_____
_____
_____

Factor de motivación #8

PENSADOR ESPIRITUAL

DÍA 8

Finalmente, hermanos, aprecien todo lo que sea verdadero, noble, recto, limpio y amable; todo lo que merezca alabanza, suponga virtud o sea digno de elogio.

Filipenses 4:8

Una de las maneras que el enemigo encuentra para dominar la mente de los discípulos de Jesús es a través de sus mentes. Un viejo dicho reza "Una mente ociosa es el taller del diablo". El apóstol Pablo nos deja a los discípulos un claro patrón de pensamiento. Nos alienta a pensar en un camino de rectitud. Cuando permitimos que nuestras mentes se centren en aquellas cosas que son verdaderas, honestas, justas, puras, encantadoras y dignas de alabanza, nos convertimos en pensadores espirituales para el Reino de Dios. Desarrollamos la mente de Jesucristo.

La oración del discípulo

Señor, despeja nuestras mentes para que podamos pensar en las cosas que nos permiten cumplir con tu voluntad. En el nombre de Cristo, amén.

¿Cuándo fue una vez que tuviste pensamientos honrados?

_____
_____
_____
_____

¿Cómo creciste como discípulo?

_____
_____
_____
_____

¿Cómo cambió tu relación con Jesús a partir de esta experiencia?

_____
_____
_____
_____

Factor de motivación #9

LOS PENSAMIENTOS DE DIOS

DÍA 9

For I know the thoughts that I think toward you, saith the LORD, thoughts of peace, and not of evil, to give you an expected end.

Jeremías 29:11

Estas fueron las palabras que les dieron a los hijos de Dios en la época del exilio. Un tiempo en el que Judá no tenía control sobre sus destinos. Estas palabras buscaban ser un aliento para los seguidores de Dios. En medio de su prueba, Dios quiso que sus hijos lo sepan: Él no los ha abandonado y cumplirá con su palabra.

Los discípulos deben confiar en que los pensamientos de Dios son los únicos que cuentan. No podemos dejar que nos afecte lo que otros piensen de nosotros (ni personal ni espiritualmente). Vivimos expectantes, a la espera de los pensamientos de Dios. Como discípulos, oremos para conocer la mente de Dios, y no la del hombre.

La oración del discípulo

Querido Dios, gracias por tener pensamientos de paz, no solo para mí, sino hacia mí. Ayúdame a no dejar que me gobiernen los pensamientos ajenos. En el nombre de Cristo, amén.

¿En qué ocasiones has sentido que te controlan los pensamientos de otros?

_____
_____
_____
_____
_____

¿Cómo te ayudo a crecer como discípulo?

_____
_____
_____
_____
_____

¿Cómo cambió tu relación con Jesús a partir de esta experiencia?

_____
_____
_____
_____
_____

Factor de motivación #10

REGOCIJARSE O LAMENTARSE

DÍA 10

Este es el día que el Señor ha hecho;
Regocijémonos y alegrémonos en él.

Salmos 118:24

Dios es el creador de todos nuestros días. Debemos elegir cómo actuar cada día. Tenemos dos opciones: regocijarnos o lamentarnos. Nos regocijamos, porque Dios ha creado un nuevo día. Dado que el Señor crea cada uno de nuestros días, es Él quien tiene la última palabra. Los discípulos no debemos permitir que los altibajos del día nos priven de la oportunidad de alabar al Señor. Hoy elige regocijarte a pesar de tus penas o problemas.

La oración del discípulo

Señor mío, ayúdame a alabarte siempre (sin importar qué me depare el día). En el nombre de Cristo, amén.

¿Cuándo has alabado al Señor en medio de un mal día?

_____
_____
_____
_____

¿Cómo te hizo crecer como discípulo?

_____
_____
_____
_____

¿Cómo cambió tu relación con Jesús a partir de esta experiencia?

_____
_____
_____
_____

Factor de motivación #11

PURGAR PARA CRECER

DÍA 11

Todo sarmiento que en mí no da fruto, lo quita; y todo el que da fruto, lo poda para que dé más fruto.

Juan 15:2

Dios no se contenta con ver que damos fruto. Él quiere producir más frutos a través de nosotros. Cuando hay potencial para que nuestra vida de frutos, Dios comienza a purgarnos. Purgar significa cortar. A veces, puede que no se sienta bien. Cuando Dios nos purga, hace espacio para que crezcan más frutos. Nadie quiere que lo corten, pero es el camino que debe transitar el discípulo para poder crecer.

La oración del discípulo

Gracias, Señor, por purgarme. No se siente bien, pero lo ofrezco por tu Gloria. En el nombre de Cristo, amén.

¿Cuándo has sentido que Dios te purga?

_____
_____
_____
_____

¿Como te ayudó esta purga a crecer como discípulo?

_____
_____
_____
_____

¿Cómo cambió tu relación con Jesús a partir de esta experiencia?

_____
_____
_____
_____

Factor de motivación #12

SACÚDETE EL POLVO

DÍA 12

Hasta el polvo de su ciudad que se pega a nuestros pies, nos lo sacudimos en protesta contra ustedes; pero sepan esto: que el reino de Dios se ha acercado.

Lucas 10:11

Todos los discípulos deseamos que cada persona que escucha el evangelio lo reciba y lo acepte. Lamentablemente, esto no es lo que sucede. Una de las razones está explicada en 2 Corintios 4:4: El dios de este mundo ha cegado la mente de estos incrédulos, para que no vean la luz del glorioso evangelio de Cristo, el cual es la imagen de Dios.

Como discípulos, aprendamos a barrer el polvo del rechazo a la Palabra de Dios. Muchas veces nos tomamos de manera personal que rechacen lo que compartimos acerca de Dios. Debemos recordar esto: no nos rechazan a nosotros; rechazan a Dios. Ora por ellos, pero sigue tu camino. Déjate guiar por el Espíritu Santo.

La oración del discípulo

Querido Dios, enséñanos a limpiar el polvo de quienes te rechazan y a orar por ellos. En el nombre de Cristo, amén.

¿Cuándo te ocurrió que alguien rechace el evangelio?

_____
_____
_____
_____
_____

¿Cómo te ayudó esta experiencia a crecer como discípulo?

_____
_____
_____
_____
_____

¿Cómo cambió tu relación con Jesús a partir de esta experiencia?

_____
_____
_____
_____
_____

Factor de motivación #13

DIOS NO OLVIDA

DÍA 13

Porque Dios no es injusto para olvidar la obra de ustedes y el amor que han demostrado por su nombre, porque han atendido a los santos y lo siguen haciendo.

Hebreos 6:10

Es reconfortante saber que, aun si el hombre no valora nuestra tarea, Dios nunca la olvidará. Lamentablemente, muchos discípulos buscan la aprobación del hombre por sobre la de Dios. No hay nada malo en querer una palmada en el hombro (una vez cada tanto), pero no debemos poner la aprobación del hombre por encima de la de Dios.

Si trabajamos para Dios, nunca nos sentiremos decepcionados. Dios nos promete que no olvidará lo que hacemos por su reino. Cuando respetamos su voluntad, Él lo valora. La aprobación del hombre es temporaria; la de Dios es eterna.

La oración del discípulo

Amado Señor, enséñame a servir solo para agradarte y complacerte a ti. En el nombre de Cristo, amén.

¿En qué ocasiones has sentido la aprobación de Dios?

_____
_____
_____
_____
_____

¿Cómo te ayudó esta experiencia a crecer como discípulo?

_____
_____
_____
_____
_____

¿Cómo cambió tu relación con Jesús a partir de esta experiencia?

_____
_____
_____
_____
_____

Factor de motivación #14

CONFIESO Y DIOS ME LIMPIA

DÍA 14

Te manifesté mi pecado,
Y no encubrí mi iniquidad.
Dije: «Confesaré mis transgresiones
al SEÑOR»;
Y Tú perdonaste la culpa de mi pecado. (Selah)

Salmos 32:5

El camino a la renovación comienza por asumir que hemos pecado contra la Palabra de Dios. La confesión consiste en reconocer nuestro pecado y comprometernos a alejarnos de él. Cuando confesamos nuestros pecados, Dios promete limpiarnos. Si confesamos nuestros pecados, Él es fiel y justo para perdonarnos los pecados y para limpiarnos de toda maldad (1 Juan 1:9). Esconder nuestros errores no tiene sentido. La confesión nos libera de las garras del pecado y nos pone en manos de Dios.

La oración del discípulo

Gracias, Señor, por tu perdón cuando me equivoco. Ayúdame a vivir el proceso en sus dos etapas: yo me confieso y tú me limpias.

¿Cuándo experimentaste el perdón de Dios?

_____
_____
_____
_____

¿Cómo te ayudó esta experiencia a crecer como discípulo?

_____
_____
_____
_____

¿Cómo cambió tu relación con Jesús a partir de esta experiencia?

_____
_____
_____
_____

Factor de motivación #15

DEJA QUE LLUEVA

DÍA 15

Pidan lluvia al SEÑOR
En el tiempo de la lluvia tardía,
Al SEÑOR que hace los nubarrones;
Él les dará aguaceros,
Y hierba en el campo a cada uno.

Zacarías 10:1

En la naturaleza, cuando no llueve, las cosas no crecen. El agricultor necesita lluvia para que crezcan sus cultivos. Los hombres de Dios dependían de la lluvia que viene de los cielos para regar sus cultivos. Esperar la lluvia nos obliga a confiar aún más en el Señor.

Del mismo modo, en nuestra vida espiritual, necesitamos la presencia del Espíritu Santo para poder crecer todos los días. Sin esta lluvia en nuestra vida espiritual, nos resecamos y transitamos el camino de Dios adormecidos.

La oración del discípulo

Querido Dios, mójame con tu lluvia. Empapa mi vida con tu Espíritu Santo. En el nombre Cristo, amén.

¿Cuándo sentiste la gracia de la Lluvia divina sobre ti?

_____
_____
_____
_____
_____

¿Cómo te ayudó a crecer como discípulo?

_____
_____
_____
_____
_____

¿Cómo cambió tu relación con Jesús a partir de esta experiencia?

_____
_____
_____
_____
_____

Factor de motivación #16

EL CAMINO FACIL NO SIEMPRE ES EL CAMINO DE DIOS

DÍA 16

Cuando el faraón dejó salir a los israelitas, Dios no los llevó por el camino que atraviesa la tierra de los filisteos, que era el más corto, pues pensó: «Si se les presentara batalla, podrían cambiar de idea y regresar a Egipto».

Éxodo 13:17

Muchas veces, buscamos el camino que nos ofrezca menos resistencia. Los discípulos debemos buscar los caminos que pongan a prueba nuestra fe, y no esperar que cada trayecto esté libre de obstáculos. El camino más fácil puede no ser el mejor. Dios, a sabiendas, llevó al pueblo de Israel en otra dirección para que no volvieran a la esclavitud. Nuestro camino es tan importante como el destino que perseguimos.

La oración del discípulo

Querido Señor, dirige mis pasos para que pueda seguir por el camino que me libera en ti. En el nombre de Cristo, amén.

¿En qué ocasión recuerdas haber elegido el camino del Señor?

_____
_____
_____
_____

¿Cómo te ayudó esta decisión a crecer como discípulo?

_____
_____
_____
_____

¿Cómo cambió tu relación con Jesús a partir de esta experiencia?

_____
_____
_____
_____

Factor de motivación #17

EL CÍRCULO ÍNTIMO ESPIRITUAL

DÍA 17

Sadrac, Mesac y Abednegó respondieron al rey Nabucodonosor: De ese asunto no tenemos nada que responder. Si el Dios a quien adoramos puede librarnos del horno ardiente y de tu mano, seguro que nos librará, majestad. Pero, aunque no lo hiciera, puedes estar seguro, majestad, que no daremos culto a tus dioses ni adoraremos la estatua de oro que has erigido.

Daniel 3:16-18

Sadrac, Mesac y Abednegó son el ejemplo perfecto de un círculo íntimo espiritual. Estaban contra la pared, y el Rey Nabucodonosor intentaba obligarlos a hacer una reverencia ante la imagen que había creado. Lo que hace que esta historia tenga tanta fuerza es que los tres fueron leales con Dios y consigo mismos.

Aquellos en nuestro círculo íntimo son de vital importancia para nuestro camino de discípulos. Serán los que estén a tu lado cuando debas superar pruebas. Los discípulos no necesitan que su círculo íntimo los ayude a sentirse bien, ¡sino a sentir a Dios!

La oración del discípulo

Señor mío, guíame hacia un grupo íntimo espiritual y no solo hacia una multitud. En el nombre de Cristo, amén.

¿Cuándo compartiste una experiencia con un grupo íntimo espiritual?

_____
_____
_____
_____

¿Cómo te ayudó a crecer como discípulo?

_____
_____
_____
_____

¿Cómo cambió tu relación con Jesús a partir de esta experiencia?

_____
_____
_____
_____

Factor de motivación #18

UNA FE QUE CONSTRUYE

DÍA 18

Por la fe comprendemos que el universo ha sido modelado por la palabra de Dios, de modo que lo visible tiene su origen en lo invisible.

Hebreos 11:3

En Romanos 12:3, el apóstol Pablo manifiesta que Dios nos ha dotado a cada uno de nosotros con una cantidad de fe. dado una cantidad de fe. La fe es la base de nuestras vidas. A través de ella, Dios nos asegura un lugar en su Iglesia. Nuestra fe crece, y Dios se alegra. Hebreos 11:6 nos habla de que sin fe, no Podemos agradar a Dios. La fe guía nuestras vidas. La fe te asistirá en las decisiones del espíritu cuando te dejes confundir por la carne.

La oración del discípulo

Dios mío, permite que mi fe construya cimientos más fuertes para tu Reino. En el nombre de Cristo, amén.

¿Cuándo sentiste que tu fe se fortaleció en el Señor?

_____
_____
_____
_____
_____

¿Cómo te ayudó a crecer como discípulo?

_____
_____
_____
_____
_____

¿Cómo cambió tu relación con Jesús a partir de esta experiencia?

_____
_____
_____
_____
_____

Factor de motivación #19

ÁMATE A TI MISMO

DÍA 19

Toda la ley se cumple, si se cumple este solo mandamiento: Amarás a tu prójimo como a ti mismo.

Gálatas 5:14

Para Dios, es crucial que nos amemos a nosotros mismos. Amar a Dios por sobre todas las cosas genera amor por nosotros mismos y por los demás. A los ojos de Dios, somos especiales. Algunos podrían preguntarse, "¿Qué puede amar de mí?" El amor que sentimos por nosotros mismos está relacionado con lo que sentimos por Dios. Hay mucho para amar de nosotros gracias a Jesucristo. Amarnos a nosotros mismos es el primer paso para amar a los demás. Cuando nos cuesta amarnos, es difícil que podamos dar amor al prójimo.

Como discípulos, debemos amarnos por ser una creación de Dios; amar cómo Dios nos hizo diferentes a nuestros hermanos; amar cómo Dios se vale de nosotros; y amar cómo Dios se lleva lo negativo de nuestras vidas y crea cosas positivas. Es cierto que todos hemos sido creados a imagen y semejanza de Dios, pero todos hemos sido dotados con cualidades y características únicas.

La oración del discípulo

Querido Señor, ayúdame a amar la creación que soy y a reflejar tu amor cada día. En el nombre de Cristo, amén.

¿En qué ocasiones sientes el amor de Dios en tu vida?

_____
_____
_____
_____
_____

¿Cómo te ayuda este sentimiento a crecer como discípulo?

_____
_____
_____
_____
_____

¿Cómo cambió tu relación con Jesús a partir de esta experiencia?

_____
_____
_____
_____
_____

Factor de motivación #20

UNA NUEVA CANCIÓN

DÍA 20

*El SEÑOR es mi fuerza y mi escudo; en Él confía mi corazón, y soy socorrido; por tanto, mi corazón se regocija,
y le daré gracias con mi cántico.*

Salmos 28:7

A través de los siglos, la música ha sido utilizada para afectar las emociones. La mayor parte de las canciones surgen del dolor, las heridas y los momentos difíciles. La música tiene una manera de comunicarse con lo más profundo de nuestra alma. Cuando permitimos que Dios sea nuestra fortaleza y escudo, Él nos ofrece una canción que no querremos perder nunca. Esta es una manera de comunicarnos con Dios.

En Salmos 105:2 nos encontramos con un hermoso llamado: "Cántenle, toquen para él, pregonen todas sus maravillas". Entonar una canción no tiene que ver con saber cantar, sino con querer hablar de las obras de nuestro Padre. ¿Cuál es tu canción de hoy?

La oración del discípulo

Querido Dios, regálame una canción para cada situación de mi vida. En el nombre de Cristo, amén.

¿Cúando recuerdas que Dios te haya regalado una nueva canción?

_____
_____
_____
_____
_____

¿Como creciste como discípulo gracias a esto?

_____
_____
_____
_____
_____

¿Cómo cambió tu relación con Jesús a partir de esta experiencia?

_____
_____
_____
_____
_____

Factor de motivación #21

OLVIDA, AVANZA Y PRESIONA

DÍA 21

Hermanos, yo mismo no considero haberlo ya alcanzado. Pero una cosa hago: olvidando lo que queda atrás y extendiéndome a lo que está delante, prosigo hacia la meta para obtener el premio del supremo llamamiento de Dios en Cristo Jesús.

Filipenses 3:13, 14

El enfoque es lo que mantiene al discípulo en batalla. Debemos mantener nuestra mirada en Dios sin importar qué pase. El plan de Satanás es distraernos para enfocarnos en cosas incorrectas. Aunque cueste creerlo, las cosas buenas pueden hacer que pierdas el foco.

El apóstol Pablo nos da una buena receta para mantener el foco: Sigan olvidando; sigan mirando adelante; sigan presionando. Nunca podemos mirar hacia adelante si estamos enfocados en las cosas negativas del pasado. Cuando tenemos la mirada puesta adelante, podemos presionar y avanzar hacia aquellas cosas que Dios nos pone por delante.

La oración del discípulo

Señor mío, permíteme seguir olvidando, mirando Adelante y presionando para alcanzar la mayor gloria de mi vida. En el nombre de Cristo, amén.

¿En qué oportunidad te has sentido realmente enfocado en las cosas de Dios?

_____
_____
_____
_____
_____

¿Cómo te ayudó a crecer como discípulo?

_____
_____
_____
_____
_____

¿Cómo cambió tu relación con Jesús a partir de esta experiencia?

_____
_____
_____
_____
_____

Acerca del autor

El Dr. Aaron R. Jones sirve como pastor en New Hope Church of God of Waldorf, Inc. y en New Hope COG World Missions. Es director de New Hope Community Outreach Services, Inc.

El Dr. Jones también presta servicios en Church of God, Delmarva-DC, como coordinador del Programa de prácticas ministeriales [Ministerial Internship Program], es presidente del Consejo Consultivo Intercultural [Intercultural Advisory Committee], miembro de la Junta de Misiones Mundiales y de la Junta de Capellanes. En su comunidad, el Dr. Jones también se desempeña como jefe de Capellanes en el condado de Charles; secretario de la Ministers Coalition of Southern Maryland, Inc.; miembro del directorio de VConnections en Waldorf, MD; copresidente del Comité de Asuntos Religiosos del condado de Charles (NAACP); mediador de la comunidad del condado de Charles; y presidente de City of Refuge, Baltimore.

El Dr. Jones tiene un doctorado en Teología y Consejería Pastoral por la Life Christian University y un doctorado en Consejería por el American Christian College and Seminary. Es consejero pastoral certificado por la Asociación Internacional de Consejeros Cristianos y coach abalado por la Federación Internacional de Coaching.

El Dr. Jones es dueño y fundador de God's Comfort Ministeries. Ha publicado 37 libros/cuadernillos, un proyecto evangelístico y un programa de formación en evangelización y discipulado. Además, grabó dos CDs y ha sido invitado a participar en cuatro programas de la TV nacional, en dos programas de radio y en dos revistas cristianas.

El Dr. Jones sirvió durante más de veinte años en las Fuerzas Armadas y es capellán castrense retirado. Participó en la Operación Águila Noble (2003) y en la Operación Libertad Iraquí III (2005). El Dr. Jones está felizmente casado con su esposa, Sharon, desde hace 24 años.

www.ingramcontent.com/pod-product-compliance
Lightning Source LLC
Chambersburg PA
CBHW052117110526
44592CB00013B/1653